하늘엔 사랑별,
땅엔 들꽃

하늘엔 사랑별, 땅엔 들꽃

김학주
감성 시조집

창연

■ 시인의 말

들꽃

들에 핀 꽃이라고 해서
들꽃이라 부르는 것만은 아닙니다.

날선 저 태양의 세 치 혀에 온 몸이 베이고
때론 먹장구름이 토해내는 갈등에 휘말리면서도
흔들릴지언정 꺾이지 않은 까닭입니다.

좋았던 기억보다
망막을 뒤덮은 칠흑 속에서 꿈틀인 시간이 더 많았을
그 숨 가쁜 기억에 지금도 출렁거리지만
마침내 어둠을 찌르고 초록으로 부활하기 때문입니다.

죽어봐서 압니다.
고통으로 얼룩졌던 치열한 시간과

어디 하나 기댈 데 없어 흐느꼈던 숱한 날들,
눈 감으면 돋아나는 마른 눈물이 지금도 할퀴고 있지만
저 가슴 깊숙이 안고 살아가야겠죠.

단지, 들에 피었다고 해서
들꽃이라 부르는 것만은 아닙니다.

그 이름을 갖기까지 겪었을 시련과 아픔이
생애 갈피마다 침묵하고 있는 까닭입니다.

2019년 4월 김학주 시인

차례

시인의 말　　　　　　4

봄

들꽃.1 −복수초　　　13
들꽃.2 −민들레　　　14
들꽃.3 −보춘화　　　15
들꽃.4 −산자고　　　16
들꽃.5 −꽃다지　　　17
들꽃.6 −연복초　　　18
들꽃.7 −노루귀꽃　　19
들꽃.8 −얼레지　　　20
들꽃.9 −만주바람꽃　21
들꽃.10 −중의 무릇　22
들꽃.11 −금붓꽃　　　23
들꽃.12 −친구　　　　24
들꽃.13 −꿩의 바람꽃　25
들꽃.14 −뻐꾹채　　　26
들꽃.15 −개별꽃　　　27
들꽃.16 −고깔제비꽃　28
들꽃.17 −할미꽃　　　29
들꽃.18 −연령초　　　30
들꽃.19 −꽃마리　　　31

들꽃.20 - 별꽃　　　　32

들꽃.21 - 등심붓꽃　　33

들꽃.22 - 금낭화　　　34

들꽃.23 - 진달래　　　35

들꽃.24 - 봄까치꽃　　36

들꽃.25 - 은방울꽃　　37

들꽃.26 - 복주머니란　38

들꽃.27 - 술패랭이　　39

들꽃.28 - 별꽃　　　　40

들꽃.29 - 자운영　　　41

들꽃.30 - 토끼풀　　　42

여름

들꽃.31 - 산하엽　　　45

들꽃.32 - 산솜다리　　46

들꽃.33 - 난쟁이붓꽃　47

들꽃.34 - 이질풀　　　48

들꽃.35 - 비비추　　　49

들꽃.36 - 동자꽃　　　50

들꽃.37 - 하늘말나리　51

들꽃.38 - 바람꽃　　　52

들꽃.39 - 사철란　　　53

들꽃.40 - 솔나리　　　54

들꽃.41 －새깃유홍초　　55

들꽃.42 －잔대꽃　　　　56

들꽃.43 －네귀쓴풀　　　57

들꽃.44 －입술망초　　　58

들꽃.45 －분꽃　　　　　59

들꽃.46 －수레국화　　　60

들꽃.47 －바늘꽃　　　　61

들꽃.48 －나도풍란　　　62

들꽃.49 －달맞이꽃　　　63

들꽃.50 －물레나물　　　64

들꽃.51 －쉽싸리　　　　65

들꽃.52 －고마리　　　　66

들꽃.53 －어라연꽃　　　67

들꽃.54 －속단　　　　　68

들꽃.55 －참기생꽃　　　69

들꽃.56 －돌가시나무　　70

들꽃.57 －금꿩의다리　　71

들꽃.58 －큰꽃옥잠난초　72

들꽃.59 －큰구슬붕이　　73

들꽃.60 －손녀딸 사랑이　74

가을

들꽃.61 －각시투구꽃　　77

들꽃.62 – 꽃무릇　　　　　78
들꽃.63 – 금강초롱꽃　　　79
들꽃.64 – 달꽃　　　　　　80
들꽃.65 – 노란 상사화　　 81
들꽃.66 – 해국　　　　　　82
들꽃.67 – 꽃며느리밥풀　　83
들꽃.68 – 난쟁이바위솔　　84
들꽃.69 – 쥐손이풀　　　　85
들꽃.70 – 섬초롱꽃　　　　86
들꽃.71 – 각시취　　　　　87
들꽃.72 – 해바라기　　　　88
들꽃.73 – 구름국화　　　　89
들꽃.74 – 코스모스　　　　90
들꽃.75 – 접시꽃　　　　　91
들꽃.76 – 천일홍　　　　　92
들꽃.77 – 꽃향유　　　　　93
들꽃.78 – 큰제비고깔　　　94
들꽃.79 – 하얀톱풀　　　　96
들꽃.80 – 자라풀　　　　　97
들꽃.81 – 구절초　　　　　99
들꽃.82 – 백일홍　　　　　101
들꽃.83 – 다시 찾은 건강　102
들꽃.84 – 물매화　　　　　103
들꽃.85 – 호박꽃　　　　　105

들꽃.86 - 흰국화　　　　　　　106

들꽃.87 - 용담　　　　　　　　108

들꽃.88 - 개쑥부쟁이　　　　　109

들꽃.89 - 물억새　　　　　　　110

들꽃.90 - 애기나팔꽃　　　　　111

겨울

들꽃.91 - 겨울장미　　　　　　115

들꽃.92 - 억새　　　　　　　　116

들꽃.93 - 동백　　　　　　　　117

들꽃.94 - 얼음꽃　　　　　　　118

들꽃.95 - 서리꽃　　　　　　　119

들꽃.96 - 눈꽃　　　　　　　　120

들꽃.97 - 얼음새꽃　　　　　　121

들꽃.98 - 설화雪花　　　　　　122

들꽃.99 - 고드름　　　　　　　123

들꽃.100 - 들꽃처럼 일어선 건강 124

봄

그런 너도 여전히 나를 기다리고 있었고
매혹한 눈빛에 취해
나도 꽃이 되었다

들꽃.1
−복수초

천만에요,
쉽게 꺼내 볼 수 있어서도
습관처럼 언어들이 배 나와서도 아닙니다

그 이름
부르는 것은
거기 있기 때문입니다

하나님이
키우신 꽃이라서도 아닙니다
언 땅에서도 잃지 않았던 무구無垢의 웃음,

격정을
인내한 맥박이
멎지 않은 까닭입니다

들꽃.2
-민들레

굳이, 기억하지 않아도 가 닿아서

아슴히 스쳐만 가도 이내 신열 나서

사랑은

아롱지는 거래

보일만치, 안 보일만치

들꽃.3
−보춘화

미처, 꽃이 될 거란 생각은 못 했습니다
그냥 그 자리에 있는 게 다였으니까요
그러나 운명과 마주한 듯 그건 기적이었습니다

시선조차 고개 숙여 서름한데도 불구하고
다가와 한량없이 바라보는 당신 눈빛에
물올라 설익은 봄을 깨울 수 있었으니까요

더 이상 슬프지도 않을 것 같습니다
탄피처럼 박히는 빗방울에 멍든다 해도
홑 겨울 백지 한 장으로 마른 추억 덮어야 해도

스치는 바람에 수줍음마저 베이고
생은 비탈져 가난한 응달뿐이라도
더 이상 맘 졸이는 일 없을 것 같습니다

여린, 풋 싹이 깨우는 봄을 알듯
당신이 나의 눈빛을 기억해주는 한은
곧추선 아가다리로 적정寂靜을 깨우겠습니다

들꽃 . 4
-산자고

정작 자신은 시한부,

목이 타

소멸 된 시간의 그림자를 돌아보면서

사분한

어미 손처럼 익어

헤진 상처 살피는

별꽃

들꽃.5
-꽃다지

슬쩍,

구부려 보아야 예쁘고

퐁당,

눈에 넣어야 고웁고 귀여운

너처럼

부시게 피어

내 가슴

졸이게 하는 꽃

들꽃.6
- 연복초

따신 봄날이면 나부껴 혼절케 했던

그 향기 기억나

겨울로 접어들 때

난, 이미

행복해지기 시작했었다,

널 볼 생각에

들꽃.7
-노루귀꽃

매운, 바람을 피해
동면에 든 풀섶을
비밀 들추듯 적요를 사려 밟고 온
여리디 여려 서툰 널
바람도 피해 가겠구나

빗방울은 어떻고?
햇살조차 살 쪼이겠지
내 미처 거두지 못해 고이어 맺혔어도
기다린 내내 널 믿었다
울음까진 닿지 않았으니까

바람벽에 섰어도
운명만은 믿었다
그런 너도 여전히 나를 기다리고 있었고
매혹한 눈빛에 취해
나도 꽃이 되었다

들꽃 . 8
— 얼레지

여느 꽃과 당신을 비교하지 않겠습니다
철없이 아무 데나 피는 꽃 같지만
피우고
질 때를 알아
여린 듯 단단해서

뭇 사람 앞에서는 무한히 작고 낮아지지만
모래처럼 퍼석이는 생의 터널에서도
저 홀로
지킬 줄 아는
사랑 꽃이니까요

들꽃.9
– 만주바람꽃

처음 너와 눈 마주쳤을 때를 기억한다

촉촉이 날 바라보던,

얼마나 기다린 거니?

꽃바람

돌아보면, 넌

흐트러진 적이 없었다

들꽃.10
-중의 무릇

해탈한 자의 여유랄까?

그러고 보면 너는

웃지 않은 적이 없었다

때 묻어 왔을 때나

홀연히

떠나고 남긴

물구지, 그 흔적까지도

들꽃.11
-금붓꽃

단 한 번도 실망한 적 없었습니다

떠날 땐

너덜해진 붓끝으로 오질 게 훑고 지나갔어도

비요일, 유리창인양 가늘게 젖으면서도

흐린 날엔 오독誤讀처럼 낮게 깔려 고이면서도

맑은 날, 기도로 접은 천 마리 학처럼

기어이

딛고 일어서

그 자리에 있었습니다

들꽃.12
- 친구

넌 그랬다
나 생이라는 외로운 길 걸어갈 때

냉이, 참나리, 쑥부쟁이, 서리꽃으로 피어
내내 침묵으로 있으면서
춘날, 장터에서 나눠 쬐던 곁불처럼

고독한
마른 걸음에
한 떨기 노래였다, 넌

들꽃.13
– 꿩의 바람꽃

여백인 듯,
드물게 들려오던 낯익은 소리
뒤적이듯,
무심코 지나치곤 했지만
뉘인가
부르는 것 같아
뒤 돌아 보곤 했었지

플로라의 질투로 눈물 꽃이 되었던
그럼, 그 때 날 부른 게 너였니?
눈 부셔
보지 못했다
내 미처 곁에 두고도, 너를

들꽃.14
− 뻐꾹채

세상 밖으로 떨어지던 날,
잔 숨결로 다가와선
내 울음 어떻게 알고 뻐꾹뻐꾹 울어주던
나그네
길동무처럼
꽃이 될 수 없을까?

그럴 리야 없겠고,
그래서도 안 되겠지만
혹여 너, 속눈물까지 마모되어 휘청이는 날
견인해
그 울음 닦아주는
들꽃이 되고 싶다

들꽃.15
-개별꽃

무엇이 되기란 쉬운 것이 아니었습니다

이미 오래전, 별이 되고 싶었던 나였거든요

즈음에, 그대가 별을 좋아한다고 해서

내심 얼마나 반가웠는지 모를 겁니다

나만 바라봐 주겠구나!

나를 기억해 주겠구나!

아세요?

상상만으로도

꽃대 올라왔습니다

들꽃.16
-고깔제비꽃

처음에는 있는지 조차 정말 몰랐습니다

난장亂場같은 봄날도 사실 관심이 없었으니까요

그러나 날선 마음 언저리까지 말아 올려

아프지 않게 하는 꽃도 있다는 걸 알게 되었고

그 후론 피할 수 없었습니다, 그럴 밖에요

난, 이미

들꽃 사이로

조붓조붓 피어있으니까요

들꽃.17
−할미꽃

어린 날 외가外家 논두렁에서

처음 너를 만났을 때나

희끗, 녹綠을 이고

야윈 만큼 성근 지금도

그 미소

변함없구나

마치, 따순 할매 등처럼

들꽃.18
-연령초

다만, 연모하는 꽃이 되고 싶었습니다
그러나 고백이 서툴렀던지 오해가 쌓여

닿아도 볼 수 없을 만큼
깊이 감추고 있었습니다

그러나 다가설수록 멀어지고 아뜩해도
찾아가 기어이 꽃을 피우겠습니다

이별의 때를 알아도
곁에 있고 싶으니까요

모퉁이를 돌면 또 갈래 길이 나오고
어둠 잃은 낮달처럼 길은 낯설대도

두고 간 발자국 따라
몸을 던지겠습니다, 나는

들꽃.19
-꽃마리

들꽃을 좋은 하는 이유는,

비록 작지만

겨울을 깨고

꽃대를 세우기 때문입니다

녹슬고

휘어진 내가

지금 그래야 하는 것처럼

들꽃.20
- 별꽃

별이 이뻐?
내가 이뻐? 하고 물으면
뭐라고 대답할 것 같으니, 알면서
떠보듯
그런 질문하면
진짜 속상하다, 쫌

하늘이 허락하면
별은 종종 볼 수 있지만
또 일 년, 아픔을 꿰매기가 쉬운 줄 아니?
오가면
넌, 그만이지만
기다린 내내 애가 탔다, 나

들꽃.21
-등심붓꽃

얼핏,
눈 한 번 마주쳤을 뿐인데
향기로 내 마음 삼키고, 일필휘지一筆揮之
내 마음
써 내려갔으니
연분緣分이라 하겠다

아이야!
마음 빛이 가장 아름다울 땐
사랑에 빠졌을 때라고 하는데
지금 네,
모습이 그래
눈부실 만큼 딱, 그래

들꽃.22
-금낭화

어쩌면 난,

봄비를 기다렸는지도 몰라

으레,

그 끝에 네가 오곤 했으니까

얼마큼

온 거니?

어젯밤,

비는 벌써 다녀갔는데

들꽃.23
- 진달래

사랑했으니,
이별 따윈 두려워하지 않을 거야
나뭇가지가 아플까봐 어느 한곳에 있지 못하고
말없이
날아가는 새도
이유가 있는 것처럼

너무 예뻐서,
꺾고 싶었지만 꺾지 않았다
곱자란 너로 붉어져 이젠 혼자가 아니니까
괜찮아!
널 만났다는
것만으로도 족하다, 난

들꽃.24
-봄까치꽃

한번쯤 부르고 싶은 이름이 있는 것처럼
너의 입술이 나를 불렀으면 좋겠다
헤픈 듯
농염하지 않아도
보면 눈시울 붉어지는

시린, 어느 날 문득 생각나 가 닿아도
무시로 반겨주는 등 따신 친구처럼
네 손에
쥐어주고 싶은
이름이 되고 싶다

들꽃.25
-은방울꽃

어쩌면 지금도 자고 있었을 지도 몰라

조막 손 모을 때마다 그 소망의 향기로 와서

공복의 어둠을 지우지 않았다면 말이야

하얀 기도 주머니가 열릴 때마다 넌 말했지

견디다보면 꺾인 날개에 새살이 돋는다고,

깨나라, 깨나라 하며 가슴을 흔들던 종소리

들꽃.26
-복주머니란

갓 맑게 핀지가 얼마나 되었다고

이런 말해도 될지 모르겠지만, 나는 또

이별의 시간이 오면

진실을 거부할지 모릅니다

"평생 사랑주머니 달고 다녀라" 하시며

"행복에 주린 사람 만나거든 나누거라"던

설 아침 덕담 같아서

잊을 수 없으니까요, 어머니

들꽃.27
-숱패랭이

네 생각으로

하루를 시작했다면 믿겠니?

네 생각으로

또 하루가 가고 있다면 말이야?

넌 정말

아무것도 아닌

존재로 만들었어, 나를

들꽃.28
─별꽃

무슨 말이 하고 싶었던 걸까요?
밤이면 깨알처럼 써내려간 별의 언어가
가끔씩 눈물 흘리며
내 안에 박힙니다

그때마다 그 답을 찾아
젖은 새벽을 나서는데
익숙한 풀내음 위로 스민 별똥별 하나,
또 내가
못 찾을까봐
별꽃으로 피었더이다

들꽃.29
-자운영

문득,

너의 손 놓을 생각에

두렵지만

사랑도 바래지는 건

이미,

정해진 운명

봄밤의

꿈이라 하겠다

떨리고

화끈 거렸던

들꽃.30
-토끼풀

어쩌면 사람들은 무관심해서 일거야
다 알고 있다는 듯 너는 너무 흔해서
마치, 꼭
과거의 꽃인 양
갈피에 끼워두지

허나 난 달라,
거기 없다고 떠난 게 아니니까
4월 즈음,
기어이 돌아오는 넌, 나의 미래
먼 길도
지치지 않겠다
내 이름에 꽃반지 끼우면

여름

하늘에서 가장 아름다운 것이 별이라면
땅에선
풀섶에 숨길 만큼
귀한 꽃은 바로 너야

들꽃.31
-산하엽

가능하면 풀섶을 등지고 피어다오

너만큼 나부끼면 나도 흔들리니까

되도록 잎 큰 나무 아래 기대어 자라다오

너만큼 젖으면 나도 초라해 지니까

한껏 밀어 올려 투명하게 반겨다오

너처럼 정정당당히 웃고 싶으니까, 나도

들꽃.32
-산솜다리

바람 먹은 돛단배처럼

파장波長을 안고 떠돌며

거친 설움과 칠흑 같은 고독을 삼키지만

묵묵히 배겨낸 이유는

사모한 까닭입니다

추측만 난무했지

예측할 수는 없었지만

먼발치 아득해도 상심傷心 딛고 가 닿고 싶은

마음 벽

기댈 수 있는

유일한 항구였으니까요

들꽃.33
-난쟁이붓꽃

가냘픈 외침으로 절룩이며 흩어지던 날

그때, 그냥 보내는 게 아니었어

기다린

내내 누구도

널 대신할 수 없었다

들꽃.34
−이질풀

조막 발 산비탈 타고 진창길 내려와

촉촉한 갈망 기척도 없이 핀 그대를

기어이 찾아내야만 했었던 그 이유는

비록, 작지만 흔하지 않아서

누구의 손에도 닿지 않는 첫 순정 같은

가련한 내 깊은 고독의 끝이었던 겁니다

들꽃.35
-비비추

그대, 내 안에 와 잠들지 못하고

뜬금없이 떠난 데도 마침표 찍지 않겠습니다

깊이를 믿는 까닭에 서툰 면벽을 풀고

먹먹한 사랑의 궤적 그 경계 닿을 때까지

통째로 무너졌던 속모를 그리움에

추억의 꼬리를 달아 쉼표로 남겨두겠습니다

들꽃.36
-동자꽃

넌 지금도 예쁘지만

앙증맞은 떡잎 달고

꽃망울 껌뻑이며 옹알이하던 그때

정말로

깨물어 주고

싶었다, 몇 번이고 난

들꽃.37
-하늘말나리

예견된 이별 앞에서 우리 눈물 보이지 말자
마음 두고도 못 다한 말,
에돌다 휘어져
절절히 붉어진 그 곳
꽃자리라 기억할 게

혹여, 마른 울음 베 내고 싶은 날
밤하늘에 별자리를 그리며,
내가 너의
향기를 묻어둔 것처럼
나를 기억해다오, 사랑아

들꽃.38
-바람꽃

너의 소리가 들려

길 위에 허물 벗고

갈증으로 마른침 뱉다,

빗물에 울음 토하는

그렇게

뚫린 가슴으로 사는

너의 소리가 들려

들꽃.39
-사철란

어둠으로 가릴 만큼 애틋한 빛의 음영

하늘에서 가장 아름다운 것이 별이라면

땅에선

풀섶에 숨길 만큼

귀한 꽃은 바로 너야

들꽃.40
-솔나리

어떤 울림으로도

그 어떤 침묵으로도

그리고, 그 어떤 만 가지 사유로도

너처럼

피울 수 없어

심장이 북을 칠만큼

들꽃.41
-새깃유홍초

살아오면서 뭐 그리 잘 한 일도 없는데

저 같은 죄인에게도

귀한 꽃을 보내주셨습니다

키우신

그 정성만큼

사랑하겠습니다, 하나님

들꽃.42
-잔대꽃

단 한 번, 눈 마주쳤을 뿐인데

길을 잃었다

눈 큰 사슴보다 더 깊고 투명한

나를 꼭

잠근 열쇠 하나

네게는 출구가 없었다

들꽃 . 43
-네귀쓴풀

훌쩍,
떠나버리면 늘상 난 혼자였다
그게 싫어,
너의 이름과 나의 감정 사이를
발라내
선을 찌-익 긋고
안 볼 것처럼 살고 싶었다

그러나,
살며시 돌아와 웃고 있는 널
차마 외면할 수 없어
선을 조금 내려
＿밑줄로 슬쩍 바꾼다
사랑은 아파도 용서 되니까

들꽃.44
- 입술망초

이름만 불러도 눈물 날 것 같은 사랑아
예 오거든 나의 이름을 불러다오,
달려가 너의
흩어진 한숨 추슬러
꿰매고 덧대련다

휘지 않는 애증으로 밀쳐낸들 허방이더라
이제 이별은 말하지 말자,
발싸심 다 해지고
눈썹도 부르틀 만큼
참 많이 그리워했으니까

들꽃.45
-분꽃

이제 와 말이지만 넌 정말 나빴어

처음 보는 순간부터 바보가 되었으니까

곁 주려 꿇는 것조차

꼭 네가 허락해야만 했니?

여린 미소에 사르르 녹아 기웃거렸던

얼마나 예쁘고 귀여웠는지 모를 거야

떨림이 가슴을 덮쳐

허물지고 또 허물어졌다, 난

들꽃.46
-수레국화

그날, 사랑의 주파수를 따라갔던 건

어쩌면 하늘의 뜻일 거라 믿을래

팽팽한 덤불 사이로

맨 처음 본 건 나니까

두런대는 널 그냥 지나칠 수도 있었는데

우연이라고 하기엔 양지뜸에 핀 행운 같은

꼭 만날 수밖에 없는

운명이었던가 봐, 우린

들꽃.47
-바늘꽃

단지, 울컥해 하는 인사치레만은 아니다

덜컥 너에게 속내를 들킴으로서

머나먼 우주에서 시작된 너의 고독한 탄생부터

울음으로 길을 냈던 저 거친 침묵과

서먹해 서성거렸을 내밀한 시간까지

다 모두 다 사랑하게 되었다는 것이다

들꽃.48
−나도풍란

얼결에 꽃잎 떨구고 죽어봐서 안다

떡잎 하나 피우기가 얼마나 힘든지

믿었던 생존의 민낯도

쓸쓸히 부식되고 있었다

그러나 미동도 않던 너는 돌아 왔고

병든 어둠을 깨고 나도 일어설 수 있었다

너처럼 두고는 못가서

따스한 풋싹이다

들꽃.49
−달맞이꽃

잠깨면 창밖을 보는 버릇이 있습니다

잠결에도 발자국 소리가 들리거든요

그렇게 거짓말처럼

몰래 익은 詩 한 수

달빛 물고 피어 얼음 꽃이 되기까지

히죽, 노란 이 웃는 얼굴로 와선 마음 그리는

그 상처 문득 쳐다봐도

웃고 있는 꽃, 바로 당신입니다

들꽃.50
-물레나물

사랑이 없으면 아무 것도 아닙니다

그건, 그대에게만 쓰여 질 특별한 詩

뜁니다

바라만 봐도

감겨 와서 심장이

들꽃.51
-쉽싸리

마치, 손가락 걸고 약속이나 한 것처럼

열병으로 붉어진 두 마음이 낸 길에서

서로 눈 마주쳤다는 건

우연만은 아닐 것이야

연정戀情의 신열로 속살 터트려 닿은 눈빛,

유채색 떨림으로 와 첫눈에 띄었던 너를

쉽사리 허공에 젓고

잊을 수는 없었다

들꽃.52
-고마리

너의 하얀 이 웃음을 본 적이 있어

수지운 미소 지으며 길 모롱이에 나부끼던

내내 넌, 소살거리고

있던 걸로 기억하는데

반갑다,

그 어둠 딛고 다시 돌아 왔으니

이번엔 좀 더 오래 머물렀으면 좋겠어

빛 품어 향 맑게 핀, 너로

화르르 웃을 수 있게, 나도

들꽃.53
-어라연꽃

이렇게 널 만났으니

오늘

이 자리

이 순간을

사랑해야 하는 것은

내가 해야 할 몫이겠지

물 닿은

흔적까지도

지워지지 않게 말이야

들꽃.54
-속단

네가 날 보고 있었던 것도
그런 널 알아 본 것도
기억이기 보다는,
우연이기 보다는,
잘 짜진 어떤 각본일 거란 생각이 든다.

그래서 그냥 꽃이라 부르지 않겠다
정체 된 칠흑 안에서도 속앓이 깨고 눈을 뜬 만큼
내 생을 다 준다 해도 아깝지 않은 너니까.

사랑은 매듭진 올,
쉽게 풀 수 없으니
우린 격정激情도 필요할 지아,

그래하는 말인데 이제
초록의 불을 지필까해
너만 괜찮다면 말야

들꽃.55
− 참기생꽃

피고 지며 왔다 가기를 무수히 반복하는 동안
어쩌면 난 무관심 했는지도 모르겠다
한 번도 널 사랑이라고
생각한 적이 없었으니까

그러나 어느 날, 내 안에 지지 않는
어떤 꽃이 가슴 죄고 있다는 걸 알았을 때
차 오른 그리움일 거라
단정 짓고 싶었지만

그러면 그럴수록 자꾸 뒤척이는 까닭에
무심코 들춰보는 순간 나도 놀랐다
혼자 핀 애증이었다,
꺾고 싶다고 꺾을 수 없는

들꽃.56
-돌가시나무

돌이켜 보면 너는 변한 것이 없었다
말없이 가고 왔을 뿐 갓 맑게 피었을 때
하나의 몸짓도 사뭇
다르지 않았으니까

다만, 그 세월만큼 균열이 생기고
미동조차 없어 망각에 빠졌던 나로 인해
점점 더 벌어졌어도
변명만은 하지 않겠다

사실, 기다림이 서툰 건 나였다지만
기다려보지 않고서는 모른다, 어둠의 깃을
상처는 꽃이 될 수 없어
아픔만 훌쩍거렸다, 난

들꽃.57
-금꿩의다리

처음부터 너의 이름을 알았더라면
삭아 내린 지금처럼 먹먹함도 덜 했겠지
그래서 더 더욱 잊기
어려웠다고 말하겠다

굳이 알려 하지 않은 탓도 죄라면 죄
끝내, 너의 마음을 읽지 못했구나
얼마큼 속살 절였으면,
반항反抗이 오죽 길었으면,

시들고 찢겨 만장이 된 마지막 뒷모습이
침몰 된 홍채 속에 면경처럼 아른거려
귀 대어 이제라도 날선
너의 향기를 기억하겠다

그리고 주저 없이 너의 이름 부를 테다
욕망의 눈높이로 마른 들 벼리어
살아서 돌아오는 날
애써 동그라미 그리며

들꽃.58
−큰꽃옥잠난초

지순한 여린 살갗 시선 뗄 수 없었다

긴 애수 짧은 여운, 동공 속에 있어서

가냘픈

영혼의 울림

외면할 수 없었다, 차마

들꽃.59
-큰구슬붕이

그렇게 호탕한 척 애써 웃고 있지만

너의 등 뒤로 아물지 않는 눈물을 보았다

아픔은 나누는 거라는데

진작 말하지 그랬니

꽃 진 자리 밟고 와 발등 젖어 습한 사랑

감추면 감출수록 소유할 수 없는 비애를

어떻게 감당하려고 혼자

그때 다 주지 그랬어, 내게

들꽃.60
-손녀딸 사랑이

도대체 너,
꽃신 신고 어디서 온 거니?
예쁜 널 말하고
깜찍한 널 보여주며
너의 그
앵두 입술
하냥
자랑하고 싶었다
그럴 때마다 웃음은 왜 그리 나는지
그럼 나,
사랑에 빠진 거 맞는 거니?
뭉클해
눈물은 또 뭐니?
너만 보인다
아가야!

가을

간혹 생각나고 보고 싶어도
아닌 척 눈 감는 것뿐이지
어떻게 잊어, 너를

들꽃.61
-각시투구꽃

그대는 풀섶에 잠든 공주,

나는 왕자

순결한 입맞춤으로 긴 잠에서 깨우겠어요

그리고

나는 그대를

사랑 꽃이라 부르겠습니다

들꽃.62
-꽃무릇

어쩌면, 들을 태웠던 너의 노래를
꽃그늘 속에 묻고 살았는지도 몰라
그러나 물배인 눈빛
쉽게 잊을 수는 없었다

들꽃도 운다는 걸 그때 처음 알았다
이승 문에서 손 내밀던 떨림 하나,
어떻게 잊니?
길 끝에 섰던 너라도
그 짓은 못할 게야

들꽃.63
−금강초롱꽃

별꽃도 구름 꽃도 가시 두른 장미도
비 꽃과 눈꽃까지
자기가 예쁘다며
모두가 "나 어때?" 하고
자랑을 늘어놓지만

청사초롱 불 밝혀 너와 마음 맞출지언정
비교하고 싶지 않았다,
모진 설움으로
위로가 필요한 우린
질기다는 공통점이 있으니까

들꽃.64
−달꽃

홀로 젖어 꽃잎 흘리며 돌아서던 날에도
그대 욕망의 푸른 빛깔 그려내지 못해
무시로 허물어진 날도
난 울지 않았습니다

바람벽에 기댈 힘조차 남지 않아 꺾이던 날도
별에 갇힌 그대 마른 잠 깨우지 못해
뼈아픈 소릴 못 들은 날도
난 휘지 않았습니다

굳이, 말하자면 서러웠다면 서러웠으나
이운 뒤풀이 오히려 행복했다 하겠습니다
다시는 못 볼 것처럼
애 끓이진 않았으니까요

목이 타 둔덕마다 황량한 들판이었지만
꽃철도 질러올 듯 남 몰래 꿈틀이던 땅
저 거친 파장波長이었습니다
끄지 못해 생긴 검불 같은

들꽃.65
-노란 상사화

지금 곁에 없다고

너라면 잊을 수 있겠니?

어떻게?

간혹 생각나고 보고 싶어도

아닌 척 눈 감는 것뿐이지

어떻게 잊어, 너를

들꽃.66
−해국

미안합니다

곁에 두고도 지키지 못 했습니다

어둠을 건너와 면벽을 풀어 주었던

눈부신 갈망의 끈을

휘청 여도 놓을 밖에요

귓불에 남은 속삭임처럼

서투른 미련은

그대의 발걸음에 상처만 안겼습니다

그러나 어쩌겠습니까

지울 수 없는 걸요

척박한 오지에 내린

애증의 잔뿌리

운명마저 허물고 싶었다면 믿겠습니까?

순순히 못 비키는 나를

삼류三流라 흉보진 마세요

들꽃.67
-꽃며느리밥풀

다 내 탓입니다
그대 곁에 있을 때만
사랑한 것처럼 비쳤으니 말입니다
꽃잎을 떨군 후에도 항상 그 자리에 있었고
가파른 땅속에서
혹한을 견디면서까지
씨 한 톨 품고 나를 꿈꾸고 있었을 텐데
저 몸짓, 면목 없게도
쉽게 잊고 있었습니다
용서해줘요
이젠 마음 뺏기지 않으렵니다
삽시에, 떠난 사실을 알기까지 오래지만
알아요, 긋고 간 향기도
거기 있었다는 걸

들꽃.68
-난쟁이바위솔

미안해 마요,
뒷모습 처음 보이는 것도 아니고
애써 똑바로 걸으려 하지도 마세요
떨구는 꽃잎 내 모를까요
그 의미도 다 알아요
그렇게 떠날 때 나, 눈물 흘리지 않더라도
행여, 서운해 하지는 마세요
사방에 물든 꽃물이 살갗을 파고들어
온 몸을 이별로 새긴다 할지라도
적시며, 눈으로 울지 않는 까닭입니다
쉰 설움 꽃그늘에 묻고
가슴으로 만 웁니다, 나는

들꽃 . 69
-쥐손이풀

처음에 너는 그랬다
키가 크기를 하니
그렇다고 돌아볼 만큼 향기가 진하길 하니
풀잎에 가려지기라도 하는 날엔 찾을 수 없고

그나마
바람이라도 슬쩍 부는 날에는
배기지 못해 더럭 겁먹은 표정 지으며
어디쯤 자란 꽃대마저 숨어 울고 있었다

그러나
그런 너와 눈이 마주치는 순간
불현 듯 숙명이란 말이 먼저 떠올랐고
하얘져 꼼짝없이 난 발길 멈춰야만 했었지

설명할 수 없는 어떤 끈으로 감겨오는
너는 그랬다
첼로의 저음처럼 갓 닿아
한순간 넋을 잃은 사이 꽃불을 놓고 있었다

들꽃.70
- 섬초롱꽃

솜털 채 벗지 못해 앙증맞고 귀여워라

시선 맞추는 그 여린 눈빛은 어떻고

겹겹이

두른 치마폭

하얀 속살 수줍다

들꽃.71
-각시취

너에게 가는 길은 언제나 멀었다
벅차, 푸름푸름 오던 날 빼고는
꽃잎을 떨구던 날부터
바람벽에 기대 울던 날까지

바보처럼 낙엽 말만 믿고 따라 나서 구르다
칼바람, 서리에 갇혀 얼음 꽃이 되기까지
풀보라 돌아보면 넌
눈물이 아닌 적이 없었다

그렇게 기다리기를 또 일 년이 지난 지금
더는, 마음 두지 말아야 했었는데
어쩌면 고개마저 돌리고
외면했어야 했는데

또다시 시작될 운명의 사무침에
슬픈 사랑으로 끝날 걸 뻔히 알면서도
갈지자 나의 걸음은
네 앞에 또 멈춰 섰다

들꽃.72
-해바라기

웃는 널 보고

따라 웃을 때

너는 더 방끗 마음 맞춰 주었지.

그래서

말인데

같이 울어도 되겠니?

지금 널 따라서 말야

들꽃.73
-구름국화

너에게서는 어떤 소리도 나지 않았다
격정激情을 드러내고도 침묵하는 샘물처럼
속내를
다 보이고도
아무 말이 없었다

너에게서는 아무 향기도 나지 않았다
저 혼자 천추千秋에 내린 그 울음을
들키고
싶지 않은 듯
가슴만 밟고 가버렸다

들꽃.74
-코스모스

재촉해 얼굴 보인, 그것은 판단이었다

어린 발로 기다려왔을

안개처럼 돌아온 새벽

또르륵

이슬에 기대

나에게로 휘고 있었다

들꽃.75
- 접시꽃

눈 맞췄던 사람이 나만은 아닐 테지요
그러나 특별하다고 느껴지는
이유는
나 지금, 그대 앞에서
멈췄다는 까닭입니다

어쩌면 흔히 볼 수 있는 꽃이라서
허투루 본 것도 사실이지만
실수였어요
은밀히 건너온 향기
더는 지워지지 않습니다

들꽃.76
― 천일홍

참 신기하지,

막상 보내고 나니까

오지게 달아올랐던 입술만 생각이 난다

네가 꼭

잡아주었던

손끝은 여전히 따뜻하고

들꽃.77
− 꽃향유

그대 없이도 나는 그대를 그릴 수 있습니다

모습은, 떠난 이의 주소처럼 간데없어도

익명의 시간들이 눕는

노을 보다 진해서

운명을 탄주하는 별보다 더 선명하며

묵란墨蘭보다 더 투명하게 그려낼 수 있는 건

손끝에 아직 그대가

남아있는 까닭입니다

들꽃.78
−큰제비고깔

이미,
정해진 운명 앞에
울음 허물며

이별을
맞이할 수밖에 없었지만

어쩌면
사랑이었다고
단정 지을 수 있는 건

만났고
안았고
부비다
정을 남기고

마지막
뒷모습까지 보여준 까닭입니다

꼭, 다시
돌아오겠단 말
깨끔 발로 기다립니다

들꽃.79
- 하얀톱풀

넌 좌표였다,
바람에 쓸려 가고
흔적마저 나보다 앞서 지우며 돌아간
귀로歸路를 지금 내발이 기억하는 까닭이다
흔히들 안 보면 잊힌다고 말하지만
시간이 더해질수록 마치 곁에 있는 듯
가까이 느껴진다면 가슴 열어 믿겠니?
지는 꽃의 뒷등은 생각보다 따뜻해서
너 또한 윤회를 끝내고 다시 환생하는 날
나와의 긴 눈 맞춤을 꿈꾼다, 믿고 싶다
가슴을 할 퀴어내는 기다림의 미학,
그 독특한 떨림이 안내한 하얀 고독으로
막아선,
너 없이도 난
너를 만날 수 있다

들꽃.80
-자라풀

매번 그랬습니다,
입술은 어찌 그리 얇은지
가녀린 목과 가냘픈 어깨, 늪에 잇닿은 다리까지
볕 무른 응달 속에서 떨고 있었습니다

눈빛도 흔들리고 있던 것으로 기억하는데
갓 맑게 핀 그대를 단지 여리다는 이유로
설렘도 먼발치 두고 보아야만 했습니다

그렇게 흘려보내야 했던 과거에 비하면
우리에게 남은 시간은 턱없이 부족한데
환희에 젖는 사이 또 꽃잎 떨구고 가더군요

눈으로만 품는다고 사랑이 되지 않았습니다
소유의 욕망만 깊어질 뿐 닿지 못할 연緣
곁 두고 서성이는 짓 이제 그만 둘까합니다

반복되는 기다림과 이별로 가슴 허무는 짓
가질 수 없다면 더는 못 합니다

무너져 아파야했던 벽도 깨겠습니다

가세요! 다만 비련의 주인공 싫어 고백합니다
설령, 조각나 그것이 끝이라 해도
향기로 다시 오는 날 꼭 끌어안겠습니다

들꽃.81
-구절초

동살에
비친 물빛,
이슬이라 생각했습니다
새벽이 어스름을 벗고 있을 때였으니까요
그때 난, 화려한 꿈에 젖은 건 사실입니다

아!
영롱한 실루엣,
알알이 잎새에 맺혀
투명하게 웃고 있는 그대를 보았다면
이별을 예감하는 사람은 아마 없었을 겁니다

그러나
햇살이
젖은 날개를 펼 때
깊게 파인 흔적만 남고 그대는 없더군요
안으로 물배인 그건 눈물이었던 겁니다

바보

왜,

더 일찍 눈치 채지 못했던 건지

너울지는 풀잎 위로 노 저어가는 뒷모습은

들썩여 울음을 길어 올리고 있었습니다

흙으로,

흙으로,

다시 돌아간다고

누구도 반길리 없는 바람 끝에 앉아서

마지막 인사일리 없는 그 표정은 뭐라고

예견된

이별 또한

삭혀야 할 내 몫이라지만

그 꽃잎 다 보내고 물러나는 아쉬움이

도무지 익숙지 않아 미어져 나도 웁니다

들꽃.82
-백일홍

그냥 웃음이 난다

너로 산야가 물들었고

가슴 가슴마다 피었는데,

널 보고

어 누가

웃지 않겠니

지금도 웃고 있다, 나는

들꽃.83
-다시 찾은 건강

지금, 거기 서 있다는 것만으로도

위안이고 기쁨이며 말없는 약속이다

내 마음

수繡를 놓고 있는

너는 다시, 지지 마라

들꽃.84
-물매화

우리의 향방
경계가 없는 듯 했습니다

머물러 있었지만
고립되지 않은 자유

해 져도
아슴히 타올라
꺼지지 않던 꽃불,

가혹한 적막 속에
하룻밤을 잃어버린 후

다가설 수도 없는 못池에
마른 창살 만들어 놓고

더 이상

시간 밖으로

꽃등 켜지 않습니다

들꽃.85
-호박꽃

너로, 인정의 세상 눈 뜰 수 있었고

자혜로운 향기에 마음 열 수 있었다

따리 튼

봉인이 풀리고

행복도 찾았다, 나는

들꽃.86
- 흰국화

그 곱던 꽃잎 다 떨구고도 웃고 있는 그대,

처음에는 정말 이해하기 어려웠지만
그 무슨 연유인지 조금은 알 수 있을 것 같습니다

잿빛 하늘이 기어코, 저 깊은 속내까지
토해 내야만 쪽빛 하늘이 열리 듯
어쩌면 안 보여도 될 것 까지 보여야만

겨우, 화인火印 하나 남길 수 있었나봅니다

그때가 기억납니다.
가고 없던 돌 틈 사이,
내밀한 얼굴로 와서 묵묵히 기다리던

또 다시 그렇게 오려는 것은 아닌지요

그래요, 만약 뒷모습까지 보이지 않았다면

기다릴 이유조차도 나는 몰랐을 겁니다

그러나 내게 주어진 운명이라면 기다려야죠
맘 둘 때 없어, 몸 하나로 버텨야 할 테지만

이 세상 어느 날이라도

나는 나를 안고 서있겠습니다

들꽃.87
-용담

몸 하나 가누지 못해 눈길 한 번 주지 못했구나

더한 시련 너는 당당히 이겨냈을 텐데, 어떤 말로도
용서가 안 되겠지만, 약속 하마, 이윽고 다시
돌아오는 날

맘 깊이 삭힌 굳은살로 불을 켜고 반기겠다, 너를

들꽃.88
- 개쑥부쟁이

갈래갈래 헝클어진,

젖은 어깨 무성해도

침묵의 가면을 쓰고 딛고 일어선 너처럼

그 시간

가두지 않고

수피를 깨우겠다, 나도

들꽃.89
-물억새

꽃향기 한 올 한 올

오지 않을 바람에 밀려

얼굴만 잠시 스쳐 지났을 뿐인데

아무도

허락하지 않은

가슴에 뿌리내린 너는 뭐니?

들꽃.90
-애기나팔꽃

너는, 노래고

내 마음의 풍금이다

궁색해 행간이 막히면 들로 나가

널 보고

詩를 쓰다가

詩를 쓰다가

널 보고

겨울

가장 아름다운 날에
가장 아름다운 널
만나서,
가장 아름다운
사랑을 했으니까

들꽃.91
-겨울장미

저 하늘에 별처럼

들에는 꽃이 많듯

수첩에도 무성한 이름들로 빼곡했었지

무형의

가시 꽃이 된

사람들이 보고 싶다

들꽃.92
-억새

까칠해진 시간 위에

추억을 입혀본다

솜털이 보송보송 앙증맞은 꽃 입술로

수줍게

웃곤 했더랬지

너도 그랬는데 기억나니?

들꽃.93
-동백

상처를 거부하고

불꽃이 되고 싶었던

저 붉은 것, 통째로 무너져 놀랐을 비련悲戀

몇 장의

넋 나간 연서戀書가

우체통 옆에 뒹굴고 있다

들꽃.94
- 얼음꽃

단지, 꽃이고 싶어서가 아닙니다

침묵으로 비운자리 투명해 감출 게 없고,

바람만 죽비 휘둘러 붉어진 발목의 상처

저리 깊어 날선듯하나 보기보다 여리고 물러

속으로 속으로만 고이어 우는데

까치발

딛고 서선, 왜

서둘러 제비를 기다리시오!

들꽃.95
― 서리꽃

너는 왜 흔들리면 울음이 되느냐

너는 어찌 휘어지며 통곡 하느냐

피었다

지니까 꽃이더냐

어디서 왔는지, 넌 말이 없고나

들꽃.96
-눈꽃

달콤한 말로 유혹하는 꽃들만 무성하다
이내, 숨 막히는 이별을 말하지 않고
가늘게
떨면서까지
웃음만 팔고 있구나

태연한 꽃 입술 속울음 모를까봐
남겨둘 씨 하나 없어 발자국마다 물 적시면서
파르르
떠나지 않는 말로
놓아주지 않는구나, 나를

들꽃.97
−얼음새꽃

너로, 눈물을 버린 지 오래되었다

부서진 마음에 와 빛이 된 운명들

저절로

핀 꽃이 없듯

그 희망을 사겠다, 난

들꽃.98
－설화雪花

올겨울은 영원히 잊지 못 할 거야, 난

가장 아름다운 날에

가장 아름다운 널

만나서,

가장 아름다운

사랑을 했으니까

들꽃.99
-고드름

눈물 볼드는 아침이면 떠오르는 네 이름

어찌 그리 투명한 것이냐,

꽃등 켠 촉촉한 갈망

순결한

넌, 너 일 때가

가장 사랑스럽다

들꽃.100
-들꽃처럼 일어선 건강

다시, 오기까지 일 년이 걸렸구나
지척도 돌보지 않고 허투루 보낸 시간들
있을 땐 몰랐다, 너는
너무 흔했으니까

피면 지는 지극히 단순한 진리조차
사실, 믿고 싶지 않았을 지도 모르겠다
하지만 너의 빈자리
꺾인 후에야 알았다

수년을 오간 너에 비하면 아무 것도 아니지만
퍼 올린 울음에 죽지는 마를 날 없었고
이제사 하는 말이지만
한 번도 조용할 날 없었다

그러나 기적처럼 너는 돌아 왔고
나는, 다시 꽃이 될 수 있었다
있을 때 지키라는 말

더는 한 귀로 흘리지 않겠다

국립중앙도서관 출판예정도서목록(CIP)

하늘엔 사랑별, 땅엔 들꽃 / 지은이: 김학주. -- 창원 :
창연출판사, 2018
   p. ;   cm

ISBN 979-11-86871-52-2 03810 : ₩9000

한국 현대 시조[韓國現代時調]

811.36-KDC6
895.715-DDC23   CIP2018029374

하늘엔 사랑별, 땅엔 들꽃

2019년 04월 10일 초판 1쇄 발행

지 은 이 | 김학주
펴 낸 이 | 이소정
펴 낸 곳 | 창연출판사
주   소 | 경남 창원시 의창구 읍성로 39
출판등록 | 2013년 11월 26일 제2013-000029호
전   화 | (055) 296-2030
팩   스 | (055) 246 2030
E-mail | 7calltaxi@hanmail.net

값 9,000원
ISBN 979-11-86871-52-2 03810

ⓒ 김학주, 2019

*이 책의 판권은 저자와 창연출판사에 있습니다.
*양측의 서면 동의 없이 무단 전재나 복제를 금합니다.

창연출판사가 만든 김학주 시집

김학주 시인 제1시집

사랑별을 산에서 만났습니다

값 9,000원

김학주 시인은 등산을 좋아한다. 하산을 하면서 어둠이 내리는 장면을 참으로 아름답게 노래하고 있다. 그때 만난 별들과 사람들을 사랑별이라고 부르게 되었다.

김학주 시인 제2시집

사랑별이 잠에서 깨어났습니다

값 9,000원

기다림이란 꽃은 시간과 눈물을 주어야만 피어나는 꽃이다. 시집에 실린 모든 시들은 희망과 긍정으로 빚어진 아름다운 언어들로 가득 차있어 읽는 이로 하여금 혼자 미소를 짓게 만드는 힘이 있다.

김학주 시인 제3시집

사랑별 다방

값 9,000원

김학주 시인에게 커피는 지상 명령어이다. 시상의 원천이며 감로수요, 시의 키워드이다. 모닝커피로 시작해서 갈색 추억이 온통 커피 길로 뒤덮혀 있을 정도다.